Manual de formação de equipes de liturgia

Dados Internacionais de Catalogação na Publicação (CIP)
(Câmara Brasileira do Livro, SP, Brasil)

Bohn, Antônio Francisco
  Manual de formação de equipes de liturgia / Antônio Francisco Bohn. 2. ed. – Petrópolis, RJ : Vozes, 2013.
  Bibliografia

  3ª reimpressão, 2024.

  ISBN 978-85-326-4366-7
  1. Celebrações litúrgicas 2. Igreja Católica – Liturgia 3. Mistério Pascal I. Título.

12-03762   CDD-264.02

Índices para catálogo sistemático:

1. Formação de equipes de liturgia : Igreja
Católica : Manuais   264.02

Antônio Francisco Bohn

Manual de formação de equipes de liturgia

Petrópolis

© 2012, Editora Vozes Ltda.
Rua Frei Luís, 100
25689-900 Petrópolis, RJ
www.vozes.com.br
Brasil

Todos os direitos reservados. Nenhuma parte desta obra poderá ser reproduzida ou transmitida por qualquer forma e/ou quaisquer meios (eletrônico ou mecânico, incluindo fotocópia e gravação) ou arquivada em qualquer sistema ou banco de dados sem permissão escrita da editora.

CONSELHO EDITORIAL

Diretor
Volney J. Berkenbrock

Editores
Aline dos Santos Carneiro
Edrian Josué Pasini
Marilac Loraine Oleniki
Welder Lancieri Marchini

Conselheiros
Elói Dionísio Piva
Francisco Morás
Gilberto Gonçalves Garcia
Ludovico Garmus
Teobaldo Heidemann

Secretário executivo
Leonardo A.R.T. dos Santos

PRODUÇÃO EDITORIAL

Aline L.R. de Barros
Marcelo Telles
Mirela de Oliveira
Otaviano M. Cunha
Rafael de Oliveira
Samuel Rezende
Vanessa Luz
Verônica M. Guedes

Conselho de projetos editoriais
Isabelle Theodora R.S. Martins
Luísa Ramos M. Lorenzi
Natália França
Priscilla A.F. Alves

Editoração: Fernando Sergio Olivetti da Rocha
Diagramação: Sheilandre Desenv. Gráfico
Capa: Omar Santos

ISBN 978-85-326-4366-7

Este livro foi composto e impresso pela Editora Vozes Ltda.

Sumário

Apresentação, 7

Introdução, 11

1 A celebração do mistério cristão, 13

2 Buscando compreender a liturgia, 15

3 Comunicação e liturgia, 23

4 A linguagem dos símbolos, 33

5 O Ano Litúrgico, 39

6 As cores litúrgicas, 47

7 Os livros litúrgicos, 51

8 Os ministérios litúrgicos, 55

9 A Palavra de Deus na liturgia, 63

10 A estrutura da celebração, 69

11 A celebração em si mesma, 75

Referências, 81

Índice, 83

Apresentação

O Concílio Vaticano II acentuou que a Liturgia "é a primeira e necessária fonte, da qual os fiéis haurem o espírito verdadeiramente cristão". Por isso – continua o Concílio –, "mediante instrução devida, deve com empenho ser buscada pelos pastores de almas em toda a ação pastoral" (SC 14).

Mesmo tendo sido escrita há quase cinquenta anos, essa afirmação do Vaticano II continua muito atual e, sobretudo, válida. Ainda mais quando menciona a necessidade da "devida instrução", isto é, da indiscutível formação de que o povo de Deus necessita para poder saciar a sua sede de "vida e de vida em abundância" (cf. Jo 10,10), a palavra conciliar torna-se verdadeira chamada de atenção.

Por isso, o livro do Pe. Antônio Francisco Bohn vem responder a essa urgência de formação no campo da liturgia, tendo em vista, primeiramente, a existência de equipes que cultivem verdadeiro apostolado e espírito litúrgico. Consequentemente, a comunidade cresce em compreensão e vida litúrgica, pois nela existem esses grupos, essas equipes de pessoas que vão entendendo cada vez mais o sentido e a prática da liturgia em todos os seus aspectos.

Pe. Antônio Francisco Bohn atua na Paróquia São Vicente de Paulo em nossa Diocese de Blumenau. Lá ele vive em contato diuturno com questões de liturgia, realizando as diversas celebrações paroquiais; portanto, sente muito de perto as carências em que vive o nosso povo diante dessa "primeira e necessária fonte" de formação humana e cristã, capaz de levar as comunidades a participarem mais intensamente das celebrações. Autor de diversos outros livros, Pe. Antônio Francisco está sempre em contato com a caminhada da Igreja, tendo, por meio deste trabalho, se adiantado na busca de sintonia da linguagem litúrgica com o nosso povo, com os nossos leigos e leigas.

Faço votos de que este *Manual de formação para as equipes de liturgia* colabore decisivamente para a preparação do nosso povo de Deus, a fim de que o Mistério seja bem celebrado e vivido.

Blumenau, 30 de setembro de 2011.

Dom José Negri, PIME
Bispo diocesano de Blumenau

Introdução

Celebrar significa tornar célebre, dar importância, festejar em conjunto, realizar uma ação solene, honrar, exaltar, cercar de cuidado e de estima. O ser humano é naturalmente celebrativo. As pessoas se reúnem para celebrar aniversários, conquistas, promoções, formaturas, vitórias esportivas.

Os povos de todos os tempos e culturas possuíam e possuem ritos festivos para celebrar momentos centrais da vida. Muitas dessas celebrações são ritos religiosos todos ligados à celebração da vida.

A liturgia nasce quando a Palavra de Deus se faz carne. Celebrar, pois, a Palavra em comunidade e em comunhão é tornar a fazer encarnar esta Palavra. Celebrar na vida, pela vida, iluminada pela experiência de uma comunidade reunida na fé, ela mesma mistério da fé.

A liturgia lembra a Palavra que revela Deus. Realiza, pois, o contínuo diálogo de Deus com o seu povo reunido. O Senhor ora ensina, ora exorta, ora ensina, ora "diz e faz". A assembleia, por sua vez, escuta, responde, medita, suplica, dá graças, até identificar-se com a Palavra.

A grande maioria de nossas paróquias conta com a colaboração de equipes de liturgia. Este *Manual de formação de equipes de liturgia* foi preparado para aqueles que desejam aprofundar alguns temas.

A formação está prevista para 11 grandes temas, subdivididos em outros. É conveniente que haja a organização de equipes paroquiais para o estudo e aprofundamento do manual.

Alguns temas gerais são apresentados: a celebração do mistério cristão; buscando compreender a liturgia; comunicação e liturgia; a linguagem dos símbolos. Em seguida: o Ano Litúrgico, as cores e livros litúrgicos; os ministérios litúrgicos; a Palavra de Deus na liturgia; a estrutura da celebração e, finalmente, a celebração em si mesma.

1

A celebração do mistério cristão

O que é a liturgia?

A liturgia é a celebração do Mistério de Cristo e em particular do seu Mistério Pascal. Na liturgia, pelo exercício da função sacerdotal de Jesus Cristo, a santificação é significada e realizada mediante sinais. E é exercido, pelo corpo místico de Cristo, ou seja, pela cabeça e pelos membros, o culto público devido a Deus.

A liturgia, ação sagrada por excelência, constitui o cume para onde tendem todas as ações da Igreja e a fonte de onde provém toda a sua força vital. Por meio da liturgia Cristo continua na sua Igreja, com ela e por meio dela, a obra da nossa redenção.

A economia sacramental consiste na comunicação dos frutos da redenção de Cristo mediante a celebração dos sacramentos da Igreja, principalmente da Eucaristia, "até que Ele venha" (1Cor 11,26).

Na liturgia o Pai enche-nos das suas bênçãos no Filho encarnado, morto e ressuscitado por nós, e derrama o Espírito Santo em nossos corações. Ao mesmo tempo a Igreja bendiz o Pai, mediante a adoração, o louvor e a ação de graças, e implora o dom do seu Filho e do Espírito Santo.

Na liturgia da Igreja Cristo significa e realiza principalmente o seu Mistério Pascal. Doando o Espírito Santo aos apóstolos, concedeu a eles e aos seus sucessores o poder de realizar a obra da salvação por meio do sacrifício eucarístico e dos sacramentos, nos quais ele próprio age agora para comunicar a sua graça aos fiéis de todos os tempos e em todo o mundo.

Na liturgia realiza-se a mais estreita cooperação entre o Espírito Santo e a Igreja. O Espírito Santo prepara a Igreja para encontrar o seu Senhor; recorda e manifesta Cristo à fé da assembleia; torna presente e atualiza o Mistério de Cristo; une a Igreja à vida e à missão de Cristo e faz frutificar nela o dom da comunhão.

2

Buscando compreender a liturgia

A palavra liturgia significa ação sagrada do povo. Por ser uma ação sagrada exige da equipe de celebração uma forma capaz de criar na assembleia litúrgica o clima e o espaço necessários para a comunicação do povo com Deus e dele com o seu povo.

A função da equipe de celebração é fazer a assembleia participar. Esta é garantida sobretudo pelo bom desempenho dos ministérios e serviços. Quanto mais viva e participativa é uma comunidade, quanto mais ministérios vão surgindo. A liturgia é uma ação de Deus, para que os seres humanos recebam, por meio de seus sinais, a graça divina, alcançando a salvação pela fé.

Aliança de Deus com seu povo

Sabemos, por meio das Sagradas Escrituras, que Deus cria o ser humano e não cessa de vir ao seu encontro, mesmo depois do pecado. Constitui para si um povo – o povo de Israel – e firma uma aliança com ele. Na aliança Deus propõe ao povo certos deveres e, em troca, promete caminhar com ele, socorrê-lo e libertá-lo. Promete e cumpre. O povo, por sua vez, volta-se para Deus.

Encontra modos de celebrar essa presença divina, atuante e libertadora. Vai ao templo para ouvir os ensinamentos da Palavra de Deus e para prestar-lhe culto. Reúne-se em assembleia, em comunidade onde lê e medita a Palavra, canta salmos, ora suplicando, ora bendizendo ao Deus fiel e solidário.

Na celebração litúrgica o movimento que se dá é de cima para baixo: Deus se entrega como dom ao povo. E o movimento de baixo para cima: o povo acolhe o dom de Deus, que é misericórdia, perdão e amor, e por isso fica feliz e cheio de gratidão.

Liturgia cristã

A liturgia é um diálogo entre Deus e seu povo. Na liturgia Deus fala a seu povo. A oração é a elevação da alma a Deus ou o pedido a Deus dos bens convenientes. Deus chama toda pessoa ao encontro com Ele.

Bênção e adoração: porque Deus o abençoa é que o coração humano pode bendizer, por sua vez, aquele que é a fonte de toda bênção.

Oração de súplica: a oração de pedido tem por objeto o perdão, a procura do Reino, como também toda verdadeira necessidade.

Oração de intercessão: consiste num pedido em favor dos outros. Não conhece fronteiras e se estende até os inimigos.

Oração de ação de graças: toda alegria e todo sofrimento, todo acontecimento e toda necessidade podem ser matéria de ação de graças que, participando da ação de graças a Cristo, deve dar plenitude a toda a vida.

Oração de louvor: dirige-se a Deus, de maneira totalmente desinteressada. Canta-o pelo que Ele é, e lhe dá glória.

É o Espírito Santo que ensina a Igreja e lhe recorda tudo o que Jesus disse e realizou. Educa-a para a oração. São várias as expressões da oração:

A oração vocal: fundada na união do corpo e do espírito na natureza humana, associa o corpo à oração interior do coração, a exemplo de Cristo que reza a seu Pai e ensina o Pai-nosso a seus discípulos.

A meditação: que é uma busca orante e põe em ação o pensamento, a imaginação, a emoção, o desejo. Tem por finalidade associar o assunto, confrontando-o com a realidade da vida.

A oração mental: expressão simples do mistério da oração. É um olhar de fé em Jesus, uma escuta da Palavra de Deus, um silencioso amor.

A oração supõe um esforço e uma luta, um combate espiritual. Reza-se como se vive; vive-se como se reza. Por isso não há espaço para a falta de fé e o desânimo.

Jesus, tendo fixado sua morada entre nós, revelou-nos quem é o Pai e ensinou a comunicar-nos com Ele. Aliás, Jesus é a ponte de ligação entre nós e o Pai; Ele é o caminho que conduz a Deus. Ele é o único sacerdote que apresenta a Deus as nossas preces e súplicas. É Jesus que nos cumula de graças.

Por isso nas celebrações litúrgicas fazemos a oferta de nós mesmos a Deus por Cristo, com Cristo e em Cristo.

E pelo mesmo Cristo, nosso Senhor, aguardamos e acolhemos as graças de Deus.

Mistério Pascal

Liturgia é a celebração dos mistérios de Deus. Que mistérios? Quando falamos em mistérios de Deus indicamos os projetos de Deus que se realizam na pessoa de Jesus Cristo; a redenção e a salvação de todos, a implantação do Reino de Deus no mundo, a participação de todos na vida e na felicidade de Deus.

Qual é o mistério central da vida de Cristo? É sua Paixão, Morte e Ressurreição. Mistério Pascal, pois deriva de páscoa, que significa passagem. Portanto, Mistério Pascal é a passagem de Cristo pelo sofrimento e morte, para chegar à ressurreição e glorificação.

Quando se fala em Mistério Pascal não se deve pensar somente em Jesus. A páscoa de Jesus está unida à páscoa do povo de Deus. É páscoa do Cristo total: cabeça e membros. A liturgia, pois, celebra a páscoa do Senhor e a páscoa do seu povo.

Celebra os sofrimentos, a morte, a ressurreição-glorificação de Jesus; mas celebra também, por um lado, as lutas, as dores, as angústias e a morte do nosso povo. Por outro lado, celebra suas conquistas, alegrias e esperança em vista de uma sociedade fundada na justiça e na fraternidade.

Ação memorial

A ação litúrgica faz memória, isto é, torna presente, traz para o momento atual os acontecimentos de salvação. Vamos dar o exemplo da Eucaristia. A celebração eucarística é a atualização, por meio de sinais e ritos, da morte de Cristo na cruz em nosso favor.

Temos um fato passado (a morte de Jesus), esse fato torna-se presente para nós aqui e agora (celebração eucarística), e nos projeta para o futuro (o Reino de Deus vai se construindo até chegarmos à plena comunhão com Deus e com os irmãos).

A liturgia realiza-se na Igreja e pela Igreja. Na Igreja: a Igreja é o Corpo vivo e real de Cristo (feito de pessoas que creem nele) em que o próprio Cristo cabeça está presente e age. Pela Igreja: Cristo não age sozinho; Ele serve-se dos membros da Igreja para realizar a ação litúrgica.

A obra sacerdotal de Cristo se torna, por participação, a obra sacerdotal da Igreja. Cristo age como mediador que une Deus aos homens e os homens a Deus: tudo isso o faz mediante a entrega de sua vida. Por meio da Igreja, agora acontece no mundo o que Cristo realizou em sua vida terrena. Por isso podemos dizer que liturgia é ação de Cristo e ação da Igreja.

Sinais sensíveis

Para celebrar a vida a pessoa se une a outras pessoas: formam a assembleia cristã, a qual mediante sinais sensíveis entra em comunhão com o Pai, pelo Filho Jesus Cristo, na comunhão do Espírito Santo. A própria assembleia cristã, a Igreja, já é um sinal-sacramento da presença de Cristo no meio de nós.

Que são sinais sensíveis? São objetos, cores, luzes, gestos, movimentos, que atingem nossos sentidos e dos quais nos servimos para entrarmos em comunhão com Deus. A celebração litúrgica passa necessariamente pelo corpo. A expressão corporal é o canal pelo qual manifestamos nossa fé.

Aos sinais sensíveis podemos dar o nome de linguagem simbólica. Tudo na liturgia é simbólico, quer dizer: os objetos, movimentos, gestos, palavras, tudo nos comunica uma realidade invisível, a realidade de Deus.

Tudo isso requer a fé. Ela nos abre para a compreensão dos projetos de Deus e nos dispõe a acolhermos as graças que Ele nos infunde. Sem a fé as celebrações podem se tornar belos espetáculos, porém vazios, ineficazes.

3
Comunicação e liturgia

A comunicação se dá principalmente através de realidades sensíveis que nos atingem. Na liturgia não só as pessoas comunicam o que trazem em seu íntimo. Cada elemento que nos rodeia nos põe em relação com o que eles representam.

Assim, o espaço celebrativo, a ornamentação, o cuidado com os objetos litúrgicos, as atitudes dos membros da assembleia, tudo nos fala de como é a nossa fé, nosso respeito em relação aos mistérios que celebramos.

Realidades que comunicam

Muitas são as realidades que tocam nossos sentidos, nos comunicam algo e, de certo modo, provocam em nós algum tipo de reação:

Palavra: é o meio mais comum da comunicação entre as pessoas. Mas a palavra pode ser fonte de mal-entendidos. Podemos nos esconder atrás dela; é possível usá-la não para nos comunicar, mas para evitar a verdadeira comunicação. Por isso, comunicamos também com o nosso corpo. Essa linguagem não verbal comunica mais do que as palavras.

Espaço celebrativo: é aquele no qual se realiza a ação litúrgica. O estilo da construção, a disposição do altar, os bancos ou cadeiras, cada vez mais devem mostrar o rosto de uma comunidade de irmãos que se reúnem ao redor de Cristo para celebrar sua obra de salvação.

Ornamentação: refere-se aos objetos artísticos, pinturas, imagens e arranjos que revelam o bom gosto da comunidade e comunicam Deus e sua mensagem.

Vestimentas: não servem apenas para cobrir e proteger. Elas informam se é dia de festa ou de trabalho. Na liturgia as vestes indicam também a função de cada ministro. Por essas razões, as pessoas que entram na igreja devem ter presente o ato comunitário que estão para realizar.

Objetos litúrgicos: são sinais; por isso transmitem mensagem, não só pela presença deles, mas pelo modo como são utilizados ou conservados. A beleza da patena, do cálice e âmbulas, o formato e o acabamento das velas, as flores naturais e sua conservação, tudo isso deve ajudar numa proveitosa celebração do memorial da Páscoa de Cristo.

Símbolos: o símbolo é a expressão, a manifestação de uma realidade invisível, de uma experiência profunda: terra, água, plantas, flores, luz, pão, vinho. Neste caso, o símbolo – pão e vinho – torna-se sacramento cristão.

Expressão corporal: é a comunicação do corpo. Nosso modo de olhar, gesticular, entrar na igreja, tudo isso revela nosso interior.

Gestos

A liturgia é feita de sinais sensíveis que captamos mediante nossos cinco sentidos: tato, paladar, olfato, visão e audição. Cada um desses sentidos deve ser devidamente posto a serviço da celebração.

O olhar, tanto do presidente quanto de todos os membros da assembleia, deve ser expressão sincera do que as palavras dizem. Um olhar sereno, encorajador passará uma energia positiva a todos os participantes.

A audição é também importante: escutar os sons, a Palavra de Deus proclamada e comentada. Escutar também o silêncio.

O tato se expressa mediante o toque. A intensidade, o respeito, o modo como tocamos as pessoas e os objetos revelam o amor, o carinho que temos e indicam nosso grau de compreensão dos planos de Deus celebrados na liturgia.

O paladar e o olfato são dois sentidos um pouco esquecidos nas celebrações. Na Comunhão Eucarística o paladar tem seu lugar. É necessário que o pão seja pão e o vinho seja vinho. Quanto ao olfato, convém alargar o uso de plantas aromáticas, flores naturais, o incenso.

O incenso é símbolo das preces que os fiéis elevam até Deus; da reverência às pessoas e aos objetos. Por isso se costuma incensar o altar, o livro dos evangelhos, os ministros e toda a assembleia participante.

Posturas

A posição do corpo é sinal da comunidade e da unidade da assembleia, pois exprime e estimula os pensamentos e sentimentos dos participantes.

De pé: é a posição de Cristo ressuscitado. Estar de pé simboliza prontidão: estamos prontos para caminhar em direção a Deus e aos irmãos. É também o símbolo da dignidade humana. Ficamos de pé para acolher as pessoas, saudá-las ou parabenizá-las.

Estar sentado: é a atitude não só de quem ensina, mas também de quem ouve. Por isso, os fiéis, durante a missa, sentam para ouvir as leituras (menos o Evangelho) e a homilia. É também a atitude de quem medita e fala com Deus.

Estar ajoelhado: revela o espírito de humildade e reconhecimento dos próprios erros (penitência); expressa o ato de profunda adoração a Deus e é a atitude de quem reza individualmente (ao entrar na igreja as pessoas geralmente se ajoelham e rezam em silêncio). Uma variante do rezar ajoelhado é a prostração.

Prostrar-se: a prostração é o ato de deitar de bruços no chão. É realizada no início da ação litúrgica da

Sexta-feira da Paixão, nas ordenações de bispos, presbíteros e diáconos, e em profissões religiosas.

Fazer genuflexão: é o ato de dobrar os joelhos. Ao entrar na igreja normalmente as pessoas se dirigem para diante do sacrário e aí fazem genuflexão. Expressam assim sua fé na presença do Cristo ressuscitado. Costuma-se fazer genuflexão ao passar diante do Santíssimo Sacramento exposto. Atualmente vai-se alargando o costume de inclinar-se diante da cruz e mesmo diante do sacrário. A inclinação tem a força de uma saudação cordial, reverente.

Movimentos

Entre os movimentos destaca-se a procissão. Há procissões ligadas a certas celebrações: *Corpus Christi*, santo padroeiro. Na procissão eucarística destacam-se três procissões: a de entrada, a das oferendas e a da Comunhão. Há também procissões mais solenes, como é a do Evangelho. Todas elas manifestam o destino do povo de Deus em marcha. Todas devem ser acompanhadas de cantos apropriados. Faz parte dos movimentos também a dança.

Quando houver dança nas celebrações, tenha-se o cuidado para que ela seja de fato litúrgica, isto é, esteja a serviço do encontro dos fiéis com Deus e com os irmãos. A dança deve favorecer a oração da assembleia, ajudá-la a celebrar melhor.

Silêncio

O silêncio não é apenas ausência de palavras ou ruídos. Corremos o risco de interpretar o silêncio das celebrações litúrgicas como falhas da equipe de celebração. O silêncio é, acima de tudo, atitude que envolve a pessoa toda: nas dimensões corporal e espiritual. O silêncio assume uma função indispensável: é atitude de fé e reverência diante de Deus. Oferece condições para que a pessoa interiorize o mistério que celebra. É o meio para que ressoe a Palavra de Deus, que conforta e alimenta os fiéis. Leva a pessoa a reconhecer suas potencialidades e seus limites.

Em que momento se deve manter silêncio? No Ato Penitencial e após o convite à oração (oremos) cada fiel se recolhe; após uma leitura ou homilia, medita brevemente o que ouviu. Após a Comunhão louva e reza a Deus no íntimo do coração, chamado silêncio sagrado.

Na narrativa da instituição eucarística, recomenda-se o silêncio reverente (consagração). O silêncio de recolhimento tem uma dimensão de adoração. Com uma motivação, o silêncio da assembleia poderá se tornar fecundo. Mas o silêncio vai além: bênção do Santíssimo Sacramento, adoração da cruz na Sexta-feira Santa. Mas nem sempre os momentos de silêncio estão previstos. Cabe a quem prepara a celebração ter o bom gosto para introduzi-lo onde parecer oportuno.

Ruídos na comunicação

São certos incômodos que prejudicam o bom andamento de qualquer comunicação. Alguns exemplos:

Quando o presidente da assembleia, fora do contexto e do momento oportuno, começa a gesticular, apontar, chamar a equipe de celebração. A assembleia se concentra mais nestes gestos, curiosa para saber do que se trata.

Quando as pessoas ficam circulando antes e depois da celebração, principalmente na hora da homilia.

Quando os instrumentistas ficam afinando seus instrumentos musicais, mexendo nos folhetos ou tomando água.

Quando uma criança desata a chorar durante as leituras ou homilia.

Quando a equipe de celebração fica preparando e combinando coisas durante a celebração: procura quem faz as leituras, troca o canto, acrescenta um aviso, providencia pessoas para a procissão das oferendas.

Quando os encarregados das orações, leituras ou cânticos cometem erros ou fazem gestos que levam à distração.

Os objetos, as pessoas, os movimentos são veículos para comunicar-nos a presença e a salvação de Deus; os fatos admiráveis realizados ao longo da história da salvação. E que tiveram seu ponto culminante na Paixão, Morte e Ressurreição de Cristo e no envio do Espírito Santo.

4

A linguagem dos símbolos

O símbolo e seu alcance

O símbolo não atinge somente a inteligência, mas penetra no mais íntimo do ser humano. Por isso não conseguimos controlar o símbolo nos seus efeitos. Podemos propor símbolos, mas não sabemos as reações que eles provocarão nas pessoas. Porém, quanto mais verdadeiros e expressivos, menos explicações são necessárias. À medida que explico um símbolo, empobreço-o e limito seu campo de mensagem.

Quando as palavras são insuficientes para expressar o que queremos dizer, lançamos mão do símbolo. Por exemplo: ao chegar ao velório de um amigo falecido não sei o que dizer aos seus parentes enlutados. Apenas me aproximo e, de coração sincero, ofereço-lhes meu forte abraço. É suficiente. O gesto simbólico, nesse caso, torna-se mais expressivo e profundo do que algumas frases pronunciadas, muitas vezes, sem emoção.

Símbolo e realidade

O símbolo torna presente a realidade. Os sacramentos todos – sinais sensíveis e eficazes da graça – realizam o que anunciam. Quando o padre, no exercício de seu ministério, diz: "Eu te absolvo dos teus pecados", a absolvição realmente acontece. A graça torna-se presente e o fiel fica libertado de suas faltas.

Gesto simbólico

Símbolo é algo em geral imóvel, está fora de nós e podemos observá-lo, ao passo que gesto simbólico envolve a atitude humana. Exemplos de gestos simbólicos: o abraço, o aperto de mão, uma passeata, uma procissão.

Os gestos simbólicos são mais abrangentes do que o símbolo, pois não necessariamente incluem o símbolo. No Evangelho registram-se muitos gestos simbólicos.

Lembremos aquele leproso que se aproxima de Jesus e se prostra aos seus pés pedindo pela cura. Uma mulher enferma tocou nas vestes de Jesus e ficou curada.

Gesto litúrgico

Símbolos litúrgicos são veículos com os quais e pelos quais entramos em comunhão com Deus e celebramos seus mistérios. Por exemplo, para os cristãos, o crucifixo não é enfeite, mas nos recorda o mistério da Paixão e Morte de Jesus na cruz. Recorda-nos o mistério da nossa redenção. A utilização do incenso nos transporta em espírito até Deus. Como a fumaça perfumada sobe e se espalha, assim nossas preces se elevam ao Senhor.

Explicar os símbolos?

Não existe sacramento sem palavra pronunciada. Somente a Palavra – enquanto Palavra de Cristo na Igreja – nos leva a entender o sinal sacramental. Assim, no Sacramento da Unção, enquanto o padre unge a fronte do doente, pronuncia as palavras: "Por esta santa unção, o Senhor venha em teu auxílio..."

Não se deve cair no exagero de ficar explicando o que já é evidente. O que pode acontecer é que alguns símbolos já não são compreensíveis à cultura do povo ou da assembleia litúrgica. Certos símbolos, de fato, perderam sua expressão simbólica.

Símbolos desatualizados?

Há símbolos que perduram em nossos dias, mas são pouco conhecidos. Alguns exemplos:

O peixe: símbolo de Cristo. No início do cristianismo, em tempos de perseguição, o peixe era o sinal utilizado para representar o Salvador. É que as iniciais da palavra peixe em língua grega – *IXTYS* – explicavam quem era Jesus: Jesus Cristo, Filho de Deus Salvador. Em tempos de perseguição e na cultura grega da época fazia sentido. Hoje estamos longe dessa realidade e isso dificulta a compreensão do símbolo.

XP: este símbolo é formado por duas letras do alfabeto grego e correspondem ao C e R na língua portuguesa. Juntando as duas, formavam as iniciais *Cristós* – Cristo.

INRI: iniciais das palavras latinas *Iesus Nazarenus Rex Iudaeorum*, que significam: Jesus Nazareno, Rei dos Judeus.

IHS: são as iniciais das palavras latinas *Iesus Hominum Salvator*, que significam Jesus Salvador dos Homens. Geralmente são empregadas em paramentos litúrgicos, nas portas dos tabernáculos e nas partículas.

A e Z: Alfa e ômega, primeira e última letras do alfabeto grego, já são utilizadas como A e Z, primeira e última letras na língua portuguesa. São aplicadas a Cristo, princípio e fim de todas as coisas.

Triângulo: com três ângulos iguais, representam a Santíssima Trindade (Pai, Filho e Espírito Santo).

Multiplicação de símbolos?

Os símbolos falam por si e têm grande poder de comunicação. Um símbolo bem aproveitado nas celebrações poderá ser suficiente para atingir os objetivos desejados. Não se devem multiplicar os símbolos numa mesma celebração litúrgica.

Símbolos demasiados são símbolos desperdiçados. E os símbolos devem ter seu lugar de destaque, pois depois de utilizados não podem ser deixados em qualquer lugar.

5

O Ano Litúrgico

Todos os anos a Igreja relembra em suas celebrações os principais acontecimentos da vida de Cristo. Sabemos, pela fé, que Jesus está vivo ao nosso lado. Assim, as cerimônias não são apenas lembranças, mas memória, isto é, são celebrações de uma realidade.

O Ano Litúrgico inicia-se com o I Domingo do Advento e termina com a Festa de Cristo Rei. Os períodos do Ano Litúrgico são:

Advento, Natal, Quaresma, tríduo pascal, Páscoa e Tempo Comum. Há ainda, além desses períodos, outras ocasiões durante o ano em que a Igreja comemora e homenageia Jesus, Maria, os santos: são as solenidades, festas e memórias.

Advento

O período do Advento abre o Ano Litúrgico. Advento significa vinda, chegada. É o tempo em que se espera o nascimento de Jesus, a vinda de Cristo. Tem início no final de novembro ou começo de dezembro.

Os quatro domingos que antecedem a Festa do Natal chamam-se domingos do Advento. No Advento celebra-se o mistério da vinda do Senhor. Não apenas seu nascimento na gruta de Belém, mas também sua vinda entre nós hoje, por meio dos sacramentos, e sua futura vinda, no fim dos tempos.

O Tempo do Advento é vivido pelos cristãos com muita alegria, com fé e com empenho. Além das orações próprias desse período, costuma-se fazer a coroa do Advento (quatro velas dispostas numa coroa de folhas naturais que são acesas uma a uma, nos quatro domingos). É durante o Advento, no dia 8 de dezembro, que se celebra a solenidade de Nossa Senhora, a Imaculada Conceição.

Natal

O Tempo Litúrgico do Natal inicia-se no dia 24 de dezembro e termina com a Festa do Batismo do Senhor, uma data móvel, isto é, que varia todos os anos. Neste período celebram-se duas grandes solenidades: Natal do Senhor e Epifania. E ainda duas festas: Sagrada Família e Santa Maria Mãe de Deus.

No Natal (25 de dezembro) comemora-se a vinda do Filho de Deus ao mundo, Jesus Cristo. A Epifania lembra como essa salvação foi manifestada a todos os seres humanos, representados pelos reis.

Como a celebração do Natal dura oito dias, costuma-se falar em "oitava do Natal". A Festa da Sagrada Família convida as famílias cristãs a viverem no amor e respeito, como Jesus, Maria e José. A Festa de Santa Maria, Mãe de Deus (1º de janeiro, que é também o Dia Mundial da Paz) relembra a maternidade de Maria. Encerrando o Tempo Litúrgico do Natal, celebra-se o Batismo de Jesus, lembrando o batismo de Jesus no Rio Jordão.

Quaresma

A palavra quaresma traz a ideia de quarenta. De fato, o Tempo da Quaresma dura quarenta dias. Inicia-se na Quarta-feira de Cinzas, logo após o carnaval, e termina na Quarta-feira Santa, um dia antes, portanto, de começar o tríduo pascal (Quinta-feira Santa, Sexta-feira Santa e Sábado Santo).

A Quaresma é um tempo muito especial para todos os cristãos. É um tempo de renovação espiritual, de arrependimento, de penitência, de perdão, de muita oração e, sobretudo, de fraternidade. Por isso, no Brasil, desde 1964, durante a Quaresma, a Igreja convida os cristãos a viverem a Campanha da Fraternidade. Cada ano apresenta um tema e um lema específicos. Com o Domingo de Ramos inicia-se a Semana Santa.

Tríduo pascal

As celebrações mais importantes de todo o Ano Litúrgico são as do tríduo pascal. Tríduo quer dizer "três dias" e pascal significa "da Páscoa". Inicia-se na Quinta-feira Santa e termina no Sábado Santo, com a Vigília Pascal.

Quinta-feira Santa: comemora-se a Última Ceia de Jesus, ocasião em que Ele tomou o pão e o vinho, abençoou-os e deu-os aos seus discípulos, dizendo tratar-se de seu Corpo e de seu Sangue. Assim Ele instituiu o Sacramento da Eucaristia, estabelecendo com o povo a Nova Aliança, por meio de seu sacrifício. Foi assim durante a Última Ceia que Jesus lavou os pés dos apóstolos, demonstrando humildade, serviço e amor ao próximo. Segue-se a vigília eucarística.

Sexta-feira Santa: a Igreja relembra a Paixão e Morte de Cristo numa cerimônia muito especial, realizada à tarde, pois foi por volta das quinze horas que Jesus morreu. Na Sexta-feira Santa não há celebração de missas.

Sábado Santo: este é um dia de recolhimento, reflexão e muito silêncio. Na noite do Sábado Santo renova-se a memória do acontecimento mais importante de nossa fé cristã: a Ressurreição. Há então em todas as Igrejas uma cerimônia muito significativa, a mais importante de toda a liturgia, que é a Vigília Pascal.

A cerimônia da Vigília Pascal divide-se em quatro partes:

Liturgia da Luz: acende-se o círio pascal, que simboliza a luz de Cristo que vence as trevas da morte.

Liturgia da Palavra: por meio de leituras bíblicas são lembrados os fatos importantes realizados por Deus ao longo da história.

Liturgia Batismal: recorda que o batismo é a nossa Páscoa, ou seja, nossa "passagem" para a vida cristã. São renovadas as promessas feitas em nosso batismo, confirmando nossa vida em Cristo.

Liturgia Eucarística: celebra-se o sacrifício de Cristo com grande alegria, porque Jesus está vivo e nos salvou.

Páscoa

Páscoa significa a passagem, rememorando a passagem de Moisés, com todo o povo hebreu, ao retirar-se do Egito e libertando-se da escravidão. Também Jesus, ao ressuscitar, passou da morte para a vida, da escuridão à luz. Somos convidados a realizar essa mesma passagem, isto é, ressuscitar com Jesus para o amor e para o serviço ao próximo.

A Páscoa é um longo período litúrgico: além dos oito dias iniciais (a oitava da Páscoa), prolonga-se por mais seis domingos. O Tempo Pascal termina com duas importantes solenidades: Ascensão e Pentecostes.

Tempo Comum

O Tempo Comum abrange quase todo o ano inteiro. São 34 domingos, divididos em duas partes: a primeira compreende de seis a nove domingos, iniciando-se logo depois do Tempo do Natal e terminando na Quaresma; a segunda começa após o Tempo Pascal e vai até o fim de novembro, na Festa de Cristo Rei.

A segunda parte do Tempo Comum abre-se com a solenidade da Santíssima Trindade e depois *Corpus Christi*.

O Tempo Comum, ao longo de todos os seus domingos, mostra-nos a própria vida de Cristo, com seus ensinamentos, seus milagres, suas orações.

Solenidades, festas, memórias

Durante o ano a Igreja não comemora apenas as festas litúrgicas. Há muitas outras datas celebradas para louvar o Senhor, para homenagear Maria, a mãe de Jesus, para venerar os santos (alguns destes, mártires), agradecendo a Deus por suas belas virtudes. Dentre essas celebrações, as mais importantes são as solenidades do Sagrado Coração de Jesus, Anunciação do Senhor, Assunção de Maria, Todos os Santos, São José, São Pedro e São Paulo.

Há também as chamadas festas, como a de Santo Estêvão, dos arcanjos Miguel, Rafael e Gabriel, a Natividade de Nossa Senhora, a conversão de São Paulo. Finalmente, a Igreja celebra também as memórias, isto é, a lembrança de alguns santos que se distinguiram por sua vida e pelo seu exemplo.

6

As cores litúrgicas

Na liturgia são muito importantes as cores, que variam conforme o tempo litúrgico, ajudando-nos a identificar os momentos pelos quais estamos passando ao longo do ano. As cores litúrgicas aparecem em geral na estola e na casula (quando usada). Mas podem aparecer também nas toalhas, nos enfeites do altar e do ambão.

Branco

Simboliza a vitória, a festa, a paz, a alma pura, a alegria. É usado nos ofícios e missas do Tempo Pascal e do Natal; nas festas e memórias do Senhor, exceto as da Paixão; nas festas e memórias da Bem-aventurada Virgem Maria, dos Santos Anjos, dos santos não mártires, na Festa de Todos os Santos, São João Batista, São João Evangelista, Cátedra de São Pedro e Conversão de São Paulo.

Vermelho

Simboliza o fogo, o sangue, o amor divino, o martírio. É usado no Domingo da Paixão (Ramos) e na Sexta-feira Santa; no Domingo de Pentecostes, nas celebrações da Paixão do Senhor, nas festas dos apóstolos e evangelistas e nas celebrações dos Santos mártires.

Verde

É a cor da esperança. É usado nos ofícios e missas do Tempo Comum (ao longo do ano).

Roxo

Simboliza a penitência. É usado no Tempo do Advento e na Quaresma. Pode também ser usado nos ofícios e missas dos mortos.

Preto

É símbolo de luto. Pode ser usado nas missas pelos mortos.

Rosáceo

Simboliza a alegria. Pode ser usado no III Domingo do Advento e no IV Domingo da Quaresma.

Nota: Quanto ao Tempo do Advento, há uma tendência a se usar o violeta (ou rosáceo), em vez do roxo, para diferenciá-la do Tempo Quaresmal (penitência) e acentuar a dimensão de alegre expectativa da vinda do Senhor. Nas missas pelos defuntos usa-se o roxo ou o preto.

7
Os livros litúrgicos

São livros que contêm os ritos e os textos escritos para as celebrações. É importante que sejam tratados com cuidado e respeito, pois é deles que se proclama a Palavra de Deus e se profere a oração da Igreja.

Missal romano

É o livro usado pelo sacerdote para a celebração eucarística. O Missal contém:
- Rito da Missa (partes fixas);
- Próprio do tempo: Advento, Natal, Quaresma, Tempo Comum etc.;
- Próprio dos santos;
- Coleção de prefácios;

- Várias orações eucarísticas;

- Missas rituais: Batismo, Confirmação, Profissão religiosa etc.;

- Missas e orações para diversas necessidades: pelo papa, pelos bispos, pelos governantes, pela conservação da paz e da justiça etc.;

- Missas votivas: Santíssima Trindade, Espírito Santo, Nossa Senhora etc.;

- Missas dos fiéis defuntos.

No início, o Missal apresenta longa e preciosa introdução contendo a Instrução Geral sobre o Missal Romano e as Normas Universais para o Ano Litúrgico e o Calendário.

Lecionários

Lecionários são livros que contêm as leituras para a celebração eucarística. Os principais lecionários são:

Lecionário dominical: compreende as leituras para as missas dos domingos e algumas solenidades e festas.

Lecionário semanal: contém as leituras para os dias de semana de todo o Ano Litúrgico. A primeira leitura e o salmo responsorial de cada dia estão classificados por ano ímpar e ano par. O Evangelho é o mesmo para os dois anos.

Lecionário santoral: contém as leituras para as solenidades e festas dos santos. Estão aí incluídas também as leituras para uso na administração dos sacramentos e para diversas circunstâncias.

Lecionário do Pontifical Romano: contém as leituras que acompanham o Pontifical Romano. Ele é um livro que agrupa diversos livros litúrgicos usados nas celebrações presididas pelo bispo, por exemplo, crisma, ordenações, instituições de ministérios.

Lecionário para missas de Nossa Senhora: usado para solenidades e festas de Nossa Senhora.

Evangeliário

Evangeliário é o livro dos evangelhos, usado na missa para a proclamação ou o canto do Evangelho.

Liturgia das Horas

É a designação dada à oração e louvor da Igreja que tem por objetivo estender às diversas horas do dia a glorificação de Deus, que encontra seu ponto mais elevado na Oração Eucarística. Compreende quatro volumes: Volume I: Tempo do advento, Natal e Epifania; Volume II: Tempo da Quaresma, tríduo pascal e Tempo Pascal; Volume III: Tempo Comum (da 1ª à 17ª semanas); Volume IV: Tempo Comum (da 18ª à 34ª semanas).

Rituais

- Ritual do batismo de crianças
- Ritual da confirmação
- Ritual da iniciação cristã dos adultos
- Ritual da penitência
- Ritual da unção dos enfermos e sua assistência pastoral
- Ritual das exéquias
- Ritual da dedicação de igreja e de altar
- Ritual de bênçãos
- Ritual de ordenações de bispos, presbíteros e diáconos
- Ritual do matrimônio
- Pontifical Romano

8

Os ministérios litúrgicos

A pastoral litúrgica é o serviço para animar a vida litúrgica, ocupando-se com a preparação, realização e avaliação da celebração. É indispensável ter equipes de pastoral litúrgica que são distintas das equipes de celebração.

O ministro da acolhida

Recebe os irmãos às portas da igreja. Acolhe quem vem celebrar. Deve dar atenção a todos, sem esquecer crianças e jovens. Saúda as pessoas que vêm chegando com simplicidade, simpatia, naturalidade.

Conduz algumas pessoas aos seus lugares, sobretudo os idosos. Dá atenção especial para mães com crianças de colo e mães grávidas.

Recebe as pessoas de outros lugares em nome da comunidade local. Se for oportuno, pode apresentá-las ao presidente da celebração e demais membros da comunidade.

Dá sinal aos ministros ou ao sonoplasta sobre a qualidade de som. Fica atento ao bem-estar de todos: cuida da ventilação; ajuda se alguém estiver sentindo-se mal. No final da celebração estará na porta da igreja agradecendo e fazendo votos de rever os irmãos.

Os coroinhas (acólitos)

Quando há procissão de entrada, levam velas acesas, ao lado da cruz. Agem como libríferos (trazendo o missal).

Em missas festivas e aos domingos, no momento da proclamação do Evangelho, podem segurar velas acesas ao lado do ambão. Seu trabalho principal é servir o altar.

Há lugares onde os coroinhas seguram velas acesas ao lado do padre (ministro) no momento da Comunhão. Este costume é muito louvável. O fogo e a luz são presença de Deus.

Os coroinhas podem dividir-se em várias funções: cruciferário, ceroferários, turiferário, acólitos, librífero, navetário...

O presidente da celebração

Aquele que preside deve sugerir uma presença viva de Jesus Cristo: pelo seu jeito de comunicar; pelos seus gestos; pelo seu tom de voz; pela sua atenção às pessoas; pelo seu jeito de dirigir-se ao Pai em oração; pela sua maneira de distribuir a Comunhão.

Preside a celebração aquele que sabe envolver a assembleia, promovendo os ministérios e conduzindo a comunidade a uma participação plena em todos os momentos.

Aquele que preside é a presença sacramental de Cristo. Age na pessoa de Cristo. A arte de presidir requer espiritualidade e boa comunicação.

A missão de quem preside é levar a assembleia a rezar. A equipe de celebração deve sempre entrar em contato com o padre ou quem preside a celebração para combinar toda a celebração.

O comentarista (animador)

Deve ser discreto e oportuno, animado e convidativo. Deve aprender a falar com poucas palavras e cheias de significado.

Deve ajudar a criar um clima de oração e participação. Deve ter postura digna para o momento; ser sóbrio no ser e no vestir-se. Ter boa dicção e clareza. Prezar pela simpatia e humildade.

Sua missão é convidar a assembleia a participar, observando a lei da brevidade. Tem a função de motivar, acolher, incentivar a assembleia fazendo intervenções breves e alertando para algum tema ou rito da celebração, promovendo a sintonia entre a assembleia e o que se realiza.

O ministro da Palavra (leitor)

O leitor deve preparar-se para que o povo possa ouvir e entender a Palavra de Deus. Proclamar é diferente de ler. A postura do leitor no ambão deve traduzir a dignidade do momento e do livro que está sendo lido.

A equipe de celebração deve proporcionar uma celebração fluente, leve e gostosa. O leitor deve saber usar corretamente o microfone e ajustá-lo para si. Deve igualmente aprender a respirar corretamente.

O animador de cantos

Deve escolher os hinos de acordo com o tempo litúrgico e de acordo com as várias partes da celebração. Cabe ao animador do canto iniciá-lo e deixar o povo cantar. Cantor "estrela" acaba cantando sozinho, sem a participação efetiva da assembleia.

O canto é para acompanhar o momento litúrgico. Deve entoar os cânticos no tom que o povo consiga cantar, formar o seu grupo de cantores e fazer ensaios com a comunidade. Ensaiar cantos é uma arte que também se ensina e se aprende.

O salmista

Não precisa mandar o povo repetir o refrão. Durante o refrão cantado pelo povo, o salmista se cala. Desta forma, a assembleia poderá ouvir a própria voz.

É conveniente mudar o refrão quando o mesmo é difícil para ser cantado ou quando é comprido demais, dificultando a memorização.

O operador de som (sonoplasta)

Deve ter a sensibilidade para: aumentar ou diminuir o volume de som, controlar graves e agudos, testar os aparelhos, auxiliar os instrumentistas.

O sonoplasta não deve entender apenas de som. Deve entender também de liturgia, para saber colocar a música certa e no momento correto da celebração. Não esquecer que a música tem seu lugar, também, antes e depois do ato litúrgico.

Os instrumentistas

Quando o instrumento acompanha o canto, ele não pode se sobrepor às vozes, pois as palavras devem ser entendidas e ouvidas com suavidade.

O canto e a música apropriados à liturgia são aqueles que estão mais intimamente integrados à ação litúrgica e ao momento ritual ao qual se destinam.

A música litúrgica expressa o mistério de Cristo e a sacramentalidade da Igreja. É necessário distinguir canto litúrgico de música religiosa.

O decorador

O altar, a mesa da Palavra e a sede (cadeira presidencial) devem ser bem visíveis, colocados em destaque. Não devem ficar escondidos, pelo excesso de decoração.

O(a) decorador(a) deve ter uma formação litúrgica suficiente para que possa exprimir na ornamentação da igreja o espírito da liturgia do dia.

A ornamentação deve ser feita com simplicidade e com materiais verdadeiros, por exemplo: flores naturais e não de plástico. Deve ter cuidado para não fazer na casa de Deus o que não faz na sua.

O ministro extraordinário da Comunhão

Deve ter consciência de que não é o dono da igreja, nem do ministério e nem do padre, muito menos do Santíssimo Sacramento ou do sacrário.

Deve exercer o seu ministério como um serviço à comunidade. Saber elogiar e incentivar, sobretudo os que estão começando a exercer algum serviço na comunidade. Ser um descobridor de talentos.

Deve ter piedade eucarística. Sua mística é comunicada pelo jeito de distribuir a Eucaristia, pelo modo como se aproxima do sacrário, do altar, pelo jeito como leva consigo o cibório, a teca com a Comunhão para os doentes.

Ter zelo com a casa de Deus, com os vasos sagrados, com os paramentos e alfaias. É importante que o ministro tenha zelo com o tabernáculo.

9

A Palavra de Deus na liturgia

Cristo está presente na Palavra

Cristo impede que a Palavra se transforme em mero texto. A Igreja tem o privilégio dessa presença, porque ela identifica-se com Cristo: ela é sua continuação. Onde está a Igreja, aí está a Palavra viva. Onde está a Palavra, aí está Cristo.

Ele está presente nos irmãos reunidos, que rezam e cantam em comum; no ministro, que age em sua pessoa; na comunhão da graça que anima a comunidade; nos sacramentos, onde Ele age pessoalmente; na Eucaristia, na qual Ele é quem fala. É imprescindível recuperar a "experiência" desta presença viva do ressuscitado, sem a qual jamais se alcança o sentido da Palavra viva.

A Palavra de Deus e a liturgia

Na liturgia a Palavra é acolhida como Palavra sagrada, na atualidade do mistério da salvação. A Palavra de Deus é recebida pela Igreja; na Igreja, e por meio dela, Deus comunica-se a nós e, por nós, torna-a viva, presente e eficaz.

A liturgia preocupa-se com duas coisas: mostrar a permanente atualidade do Mistério e proporcionar aos fiéis uma profunda compreensão do mesmo. Antes de tudo, ela cria um clima de escuta. A Palavra não pode ser acolhida, senão na fé e na oração.

A Palavra não é apenas lida, mas é celebrada, é acolhida na alegria da fé, em um clima de ação de graças, de adoração, de meditação e de oração. Na liturgia a presença de Deus alcança seu ponto mais alto. Aquilo que a Palavra anuncia torna-se realidade atual.

A homilia, prolongamento da Palavra

A homilia faz parte integrante da ação litúrgica, é um prolongamento da Palavra de Deus. Ela parte dos textos bíblicos proclamados, é dirigida a uma assembleia de fiéis. Deve assumir o tom de um colóquio familiar, pois é o próprio Cristo que fala. Se o ministro prega a si mesmo, certamente não poderá dizer que Cristo está presente em suas palavras. A eficácia da homilia vem desta presença de Cristo.

A homilia possui as seguintes funções: a) apostólica: anúncio que desperta a fé; b) catequética: aprofundamento que amplia a visão da fé; c) profética: testemunho corajoso; d) sacerdotal: meio que nos conduz a Cristo.

O leitor e a proclamação da Palavra

Não basta ler. É preciso proclamar a leitura como Palavra de Deus, que proclama o amor e sua bondade, palavra que liberta, dá vida, ressuscita, corrige. Denuncia as injustiças e a maldade, chama-nos à conversão e à comunhão com Deus e com os irmãos. A proclamação deve atingir os ouvintes (e o próprio leitor é um deles).

O leitor é, portanto, um ministro, um servidor da Palavra, um porta-voz do Senhor. Não fala em nome próprio, mas é canal de comunicação, instrumento de ligação, ponte entre Jesus Cristo e a assembleia. Para poder desempenhar seu papel o leitor deve ter para com seus irmãos os sentimentos de Cristo Jesus. Deve familiarizar-se com o Senhor, pela oração, pela leitura frequente da Bíblia, pela comunhão de vida com o mesmo Senhor.

Um leitor que não entende aquilo que está lendo, transmitirá dúvidas. Somente o leitor que conhece a leitura e acredita naquilo que lê será capaz de fazer da leitura um verdadeiro anúncio da Palavra.

Para cada leitura um tom diferente

As leituras pertencem a gêneros literários bem diferentes. Por vezes se trata da narração de um fato histórico; outras vezes trata-se de uma poesia, ou norma jurídica, uma parábola, uma oração, um provérbio, uma profecia, um hino, uma carta. A cada gênero deve corresponder um tom diferente, uma maneira diferenciada de proclamar a leitura.

Como preparar a leitura

Em primeiro lugar, conheça bem o texto. Depois, procure reconhecer-se dentro do texto, identificando-se com algum personagem ou com a situação narrada. É importante treinar a expressão do texto, cuidando da dicção, respiração, dando ênfase a certas palavras, marcando pausas. E, em último lugar, faça da leitura uma meditação, uma oração, guardando a Palavra no coração.

Proclamar para a assembleia

1) Vá até o ambão com tranquilidade; 2) coloque-se em pé, com a cabeça erguida, as costas retas para poder respirar melhor, as mãos como se estivesse segurando a Bíblia ou o Lecionário; 3) olhe para a assembleia, "reúna" o povo com o olhar, estabeleça contato, tudo isso em silêncio, deixando que seu rosto exprima os sentimentos do Senhor Jesus; 4) faça a proclamação, de maneira calma e pausada, com dicção clara; 5) no final da proclamação aguarde a resposta da assembleia, deixe o ambão e retorne ao seu lugar.

Conveniência de um ambão fixo

Para visualizar a dignidade da mesa da Palavra de Deus que é idêntica à dignidade da mesa eucarística (altar), é importante ter um ambão exclusivo para a proclamação dos textos bíblicos. Se o altar e o ambão são do mesmo material e se as mesmas formas estruturais se repetem, a equivalência da Palavra em relação à Eucaristia está suficientemente salientada.

Esta presença se torna mais evidente quando a Bíblia está exposta no ambão ou junto dele, mesmo fora do tempo da celebração da liturgia. Um ambão móvel dificilmente fala da presença de Deus e de sua Palavra durante e fora da celebração.

O uso da Bíblia ou do Lecionário

É desrespeitoso fazer a leitura de qualquer papel, às vezes, já todo amassado. Cada leitor ler num papel diferente deixa a impressão de que cada qual lê do papel o que lhe interessa. A Bíblia, Lecionário, Evangeliário têm um simbolismo especial na celebração. É um sinal de Deus que fala com o seu povo. Dever-se-ia ter um único livro sagrado, do qual todas as leituras fossem proclamadas. O Livro Sagrado é um sinal de Deus que fala através de seus ministros.

10

A estrutura da celebração

A missa, parte por parte

Ritos iniciais

A finalidade dos ritos iniciais (de introdução) é fazer com que todos os fiéis se sintam unidos para formar uma só comunidade, uma só assembleia, dispondo seu coração e sua mente para receber a Palavra de Deus e celebrar dignamente a Santa Eucaristia.

Enquanto o povo canta o hino de entrada, uma pequena procissão encaminha-se para o altar.

Diante da mesa do altar, todos veneram com uma reverência a cruz, que é o símbolo de Cristo; fazem a genuflexão, adorando Jesus na Eucaristia, e os ministros ordenados beijam o altar. Neste momento a cruz e o altar podem ser incensados.

O presidente da celebração dá início à missa fazendo o sinal da cruz e saudando os fiéis. Segue-se o Ato Penitencial cuja finalidade é purificar o coração de todos os presentes que se arrependem de suas culpas para dar lugar à graça de Deus. E, logo depois, vem o "Glória" ou "Hino de louvor", para glorificar a Deus por suas maravilhas. Há missas em que o Glória não é cantado nem rezado.

O presidente da celebração, em nome da assembleia, apresenta a Deus as intenções e os pedidos de todo o povo, fazendo a primeira oração. Chama-se Coleta e o povo é convidado a ficar uns instantes em silêncio, após o convite do "oremos". No final, a assembleia responde "amém", que significa: sim, estamos de acordo, assim seja, é isto o que estamos pedindo.

Liturgia da Palavra

Em ocasiões especiais este momento inicia-se com a procissão da Bíblia. E durante a Liturgia da Palavra os fiéis, sentados, em silêncio, ouvem com atenção a proclamação da Palavra de Deus. É por meio das leituras que Deus fala ao nosso coração.

Aos domingos, solenidades e dias especiais são feitas duas leituras, em geral uma do Antigo e outra do Novo Testamento. Há domingos em que são feitas duas leituras do Novo Testamento, conforme o tempo litúrgico. O livro que se usa na missa e que contém as leituras chama-se Lecionário (dominical, semanal, santoral). Entre as leituras reza-se ou canta-se o salmo responsorial.

A seguir, entoa-se o canto de aclamação. O sacerdote (ou o diácono) proclama o Evangelho referente àquele dia e todas as pessoas ficam de pé, em sinal de respeito à Palavra de Deus. Nos domingos e dias solenes o Evangelho é incensado. As leituras e o Evangelho constituem uma verdadeira "memória" que nos faz reviver o pensamento e o ensinamento de Deus, alimentando-nos e fortalecendo-nos espiritualmente.

Após as leituras o sacerdote faz a homilia, isto é, o comentário oral dos textos lidos, para que o povo possa compreender melhor as mensagens ali contidas. Encerrando a Liturgia da Palavra, nos domingos e festas o povo "responde" à Palavra de Deus, recitando ou cantando o Credo Apostólico ou Creio, que é a nossa profissão de fé, uma afirmação de tudo aquilo em que cremos.

E, finalmente, a Oração dos fiéis (preces comunitárias) que são breves invocações preparadas ou espontâneas, para pedir em favor da Igreja, do mundo, da comunidade, de cada um em particular e pelos fiéis falecidos.

Liturgia Eucarística

A palavra "eucaristia" significa agradecimento. De fato, na missa manifestamos nossa gratidão ao Pai que nos concedeu a salvação por meio do sacrifício de Jesus.

A liturgia eucarística inicia-se com a apresentação das oferendas (ofertório) por parte dos fiéis. O pão e o vinho são levados ao altar e, em algumas igrejas, também outras ofertas simbólicas, como flores, frutos da terra e do trabalho humano. A comunidade participa cantando um hino de apresentação das oferendas, enquanto elas são incensadas, bem como o presidente da celebração e toda a assembleia.

Todo participante coloca sobre o altar sua própria vida, com alegrias e sofrimentos, para que se una à vida do próprio Cristo sacrificado. Com toda a assembleia de pé, em sinal de atenção e respeitosa participação, segue-se a oração sobre as oferendas e, logo depois, a Oração Eucarística com seu prefácio. Esta oração (que tem várias fórmulas) é um longo hino de agradecimento a Deus, que termina com a aclamação (ou canto) do "Santo".

Chega então o momento mais solene da missa: a consagração. Após a invocação do Espírito Santo, o presidente da celebração faz a narração da Última Ceia e consagra o Corpo e o Sangue de Jesus. A assembleia ajoelha-se em sinal de respeito e veneração e fica em profundo silêncio. Pode ser usado o incenso para solenizar este momento. A Oração Eucarística, depois de pedir pela Igreja, pelos vivos e falecidos, encerra-se com um louvor a Deus Pai, a Jesus Cristo e ao Espírito Santo (doxologia). E todos respondem, cantando ou rezando o Amém.

Rito da Comunhão

A oração do Pai-nosso inicia o rito, onde a assembleia, com os braços erguidos em sinal de súplica e agradecimento, manifesta ao Pai, com as mesmas palavras de Jesus, seus desejos e suas necessidades.

Na Comunhão recebemos Jesus e, para isso, devemos estar com o coração em paz: pedimos a paz para o mundo e a desejamos aos irmãos. Finalmente, no solene momento da Comunhão, com amor e respeito, estende-mos a mão para receber o Corpo de Cristo, alimento de nossa vida. Onde é possível e viável, a Comunhão sob duas espécies é muito significativa.

Terminada a Comunhão, em geral reservam-se alguns momentos de silêncio para meditação e ação de graças, terminando com a "oração após a Comunhão".

Ritos finais

Após uma pequena oração, o sacerdote dá a Bênção final que, em algumas solenidades e festas, pode ser mais solene. "Benzer" quer dizer desejar coisas boas, dizer as melhores palavras que somente Deus pode falar a seus filhos. A bênção não é dada somente na missa. Ela pode ser pedida e dada em diversas circunstâncias.

No encerramento, o sacerdote ou o diácono diz: "Ide em paz e o Senhor vos acompanhe". É Jesus quem nos acompanha sempre em nossa vida. Depois dessa despedida, todos reverenciam o altar e a cruz e retornam à sacristia ou cumprimentam o povo que, cantando, vai se retirando também da igreja.

11

A celebração em si mesma

Dicas práticas para organizar uma boa celebração

- Organizar a Pastoral Litúrgica (e equipes de celebração).

- Preparação antecipada da celebração em equipe.

- Investir o tempo e o coração.

- Que Jesus cresça e a gente desapareça.

- Conhecer o Documento 43 da CNBB.

- Humildade acima de tudo.

- Exercitar-se no uso do microfone.

- Usar muita criatividade.

- Conhecer a realidade da assembleia.

- Estudar liturgia.

- Fazer todo o povo cantar.

- Não cantar sempre as mesmas músicas.
- Não mudar muito os cantos.
- Valorizar a expressão corporal.
- Usar os instrumentos para sustentar a voz.
- Fazer da celebração um compreensível diálogo com Deus.
- Redescobrir o sentido dos símbolos litúrgicos.
- Usar cartazes.
- Escolher as músicas de acordo com os momentos da liturgia.
- Proclamar bem a Palavra de Deus.
- Fazer comentários breves e oportunos.
- Escolher músicas "afinadas" com a cultura local.
- Permitir que o Espírito Santo ore por meio de todos.
- Fazer da liturgia uma antecipação do céu.
- Levar em conta a realidade e acontecimentos da comunidade.
- Zelar pela casa de Deus.
- Celebrar em espírito e verdade.
- Organizar uma biblioteca da pastoral litúrgica.
- Não improvisar nada.

- Na liturgia celebramos verdades.
- A liturgia deve transformar a realidade.
- Conhecer melhor a história da liturgia.
- Saber exatamente o que é liturgia.
- Estar em sintonia com o Ano Litúrgico.
- Distribuir as funções (serviços e ministérios).
- Os diversos ministros devem estar em sintonia.
- Receber o povo com alegria.
- Dizer ao presidente da celebração o que vai ser cantado.
- Equipe animada anima a liturgia.
- Fazer catequese litúrgica.
- Uma encenação após a homilia pode ajudar.
- Reuniões periódicas da equipe de liturgia.
- Organizar uma equipe de celebração para o matrimônio.
- Organizar uma equipe de celebração para o batismo.
- Celebrar a vida na liturgia.
- Valorizar as devoções populares.
- Testar o microfone antes da celebração.

- Sinceridade e fé impressionam e convencem.
- Fazer o povo participar da oração.
- Avaliar tudo o que foi feito.

Erros que prejudicam uma boa celebração

- Deixar tudo para a última hora.
- Não ensaiar as leituras com antecedência.
- Fazer tudo do folheto litúrgico.
- Rezar sem convicção.
- Improvisar ao máximo.
- Ler por ler.
- Quebrar o ritmo da celebração.
- Fazer tudo de modo maquinal.
- Celebrar apenas para cumprir uma obrigação.
- Tirar todos os mistérios.
- Reduzir a celebração a uma solenidade.
- Reduzir a celebração a uma cerimônia.
- Fazer bastante barulho antes da celebração.
- Os músicos formarem um grupinho à parte.
- Escolher músicas que o povo não conhece.

- Deixar o coral cantar todas as músicas, sem a participação do povo.

- Volume dos instrumentos acima do volume das vozes.

- Tossir no microfone.

- Usar trajes que chamem muito a atenção.

- Permitir que aconteça microfonia.

- Afinar os instrumentos cinco minutos antes da missa.

- Escolher os cantos durante a missa.

- Todos mexerem no aparelho de som.

- Ler bem rápido.

- Evitar os momentos de silêncio.

- Querer explicar todos os sinais e gestos.

- Fazer comentários muito demorados.

- Não pronunciar as últimas sílabas.

- Fazer os gestos de qualquer jeito.

- Quando o povo está de pé, prolongar demais a celebração.

- Cantar tudo o que for possível.

- Cochichar no altar.
- Não dizer ao padre os cantos que irão ser utilizados.
- Ensaiar dez músicas novas antes da missa.
- Fazer do casamento apenas um ato social.
- Colocar letras religiosas em músicas populares.
- Gritar no microfone para incentivar o povo a cantar.
- Repetir várias vezes o mesmo aviso.
- Usar a prece dos fiéis para dar lições de moral.
- Não se preocupar com a preparação do ambiente.
- Colocar cantos novos a cada celebração.
- Não ler o Evangelho antes da missa.
- Não gastar tempo para aprender mais sobre liturgia.
- Ignorar a realidade da assembleia.
- Não organizar a pastoral litúrgica na paróquia.
- Se o padre não pode vir, não acontece celebração.
- Condenar todo tipo de expressão corporal.
- Uma pessoa monopolizar todos os ministérios.
- Ser sempre contrário à opinião do padre.
- Pensar que, na liturgia, de qualquer jeito está bom.

Referências

BARONTO, L.E.P. *Preparando passo a passo a celebração*. São Paulo: Paulus, 1997.

BARROS, M. *Semana Santa*: anos A, B e C. São Paulo: Paulus, 1989.

BRUNELLO, S. *Servindo ao Senhor com alegria*. São Paulo: Paulinas, 1995.

BUYST, I. *A missa, memória de Jesus no coração da vida*. Petrópolis: Vozes, 1997.

Catecismo da Igreja Católica. Petrópolis: Vozes, 1993.

CNBB. *A animação da vida litúrgica no Brasil*. São Paulo: Paulus, 1989 [Doc. 43].

DONGHI, A. *Gestos e palavras*. São Paulo: Paulus, 2005.

DUARTE, L.M. *Liturgia*: conheça mais para celebrar melhor. São Paulo: Paulus, 1996.

GASQUES, J. *Diaconia do acolhimento*. São Paulo: Paulus, 1996.

LUTZ, G. *Vamos celebrar*. São Paulo: Paulus, 1996.

MANCÍLIO, F. *Na mesa da Palavra* – Orientações para o ministério dos leitores. Aparecida: Santuário, 2006.

MOTTA, S. *Pequeno Vocabulário Prático de liturgia*. São Paulo: Paulus, 1999.

Índice

Sumário, 5

Apresentação, 7

Introdução, 11

1 A celebração do mistério cristão, 13
   O que é a liturgia?, 13

2 Buscando compreender a liturgia, 15
   Aliança de Deus com seu povo, 16
   Liturgia cristã, 16
   Mistério Pascal, 19
   Ação memorial, 20
   Sinais sensíveis, 21

3 Comunicação e liturgia, 23
   Realidades que comunicam, 23
   Gestos, 25
   Posturas, 27

Movimentos, 28

Silêncio, 29

Ruídos na comunicação, 30

4 A linguagem dos símbolos, 33

O símbolo e seu alcance, 33

Símbolo e realidade, 34

Gesto simbólico, 34

Gesto litúrgico, 35

Explicar os símbolos?, 35

Símbolos desatualizados?, 36

Multiplicação de símbolos?, 37

5 O Ano Litúrgico, 39

Advento, 40

Natal, 40

Quaresma, 41

Tríduo pascal, 42

Páscoa, 44

Tempo Comum, 45

Solenidades, festas, memórias, 45

6 As cores litúrgicas, 47

Branco, 47

Vermelho, 48

Verde, 48

Roxo, 48

Preto, 48

Rosáceo, 49

7 Os livros litúrgicos, 51

Missal romano, 51

Lecionários, 52

Evangeliário, 53

Liturgia das Horas, 53

Rituais, 54

8 Os ministérios litúrgicos, 55

O ministro da acolhida, 55

Os coroinhas (acólitos), 56

O presidente da celebração, 57

O comentarista (animador), 57

O ministro da Palavra (leitor), 58

O animador de cantos, 58

O salmista, 59

O operador de som (sonoplasta), 59

Os instrumentistas, 60

O decorador, 60

O ministro extraordinário da Comunhão, 61

9 A Palavra de Deus na liturgia, 63
  Cristo está presente na Palavra, 63
  A Palavra de Deus e a liturgia, 64
  A homilia, prolongamento da Palavra, 64
  O leitor e a proclamação da Palavra, 65
  Para cada leitura um tom diferente, 66
  Como preparar a leitura, 66
  Proclamar para a assembleia, 67
  Conveniência de um ambão fixo, 67
  O uso da Bíblia ou do Lecionário, 68

10 A estrutura da celebração, 69
  A missa, parte por parte, 69

11 A celebração em si mesma, 75
  Dicas práticas para organizar uma boa celebração, 75
  Erros que prejudicam uma boa celebração, 78

Referências, 81

Conecte-se conosco:

f facebook.com/editoravozes

⊙ @editoravozes

𝕏 @editora_vozes

▶ youtube.com/editoravozes

🗨 +55 24 2233-9033

www.vozes.com.br

Conheça nossas lojas:

www.livrariavozes.com.br

Belo Horizonte – Brasília – Campinas – Cuiabá – Curitiba
Fortaleza – Juiz de Fora – Petrópolis – Recife – São Paulo

  Vozes de Bolso

EDITORA VOZES LTDA.
Rua Frei Luís, 100 – Centro – Cep 25689-900 – Petrópolis, RJ
Tel.: (24) 2233-9000 – E-mail: vendas@vozes.com.br